BEI GRIN MACHT SICH IHR WISSEN BEZAHLT

- Wir veröffentlichen Ihre Hausarbeit, Bachelor- und Masterarbeit

- Ihr eigenes eBook und Buch - weltweit in allen wichtigen Shops

- Verdienen Sie an jedem Verkauf

Jetzt bei www.GRIN.com hochladen und kostenlos publizieren

Veronika Luther

Der Streit der Königinnen im Nibelungenlied

GRIN Verlag

Bibliografische Information der Deutschen Nationalbibliothek:

Die Deutsche Bibliothek verzeichnet diese Publikation in der Deutschen Nationalbibliografie; detaillierte bibliografische Daten sind im Internet über http://dnb.d-nb.de/ abrufbar.

Dieses Werk sowie alle darin enthaltenen einzelnen Beiträge und Abbildungen sind urheberrechtlich geschützt. Jede Verwertung, die nicht ausdrücklich vom Urheberrechtsschutz zugelassen ist, bedarf der vorherigen Zustimmung des Verlages. Das gilt insbesondere für Vervielfältigungen, Bearbeitungen, Übersetzungen, Mikroverfilmungen, Auswertungen durch Datenbanken und für die Einspeicherung und Verarbeitung in elektronische Systeme. Alle Rechte, auch die des auszugsweisen Nachdrucks, der fotomechanischen Wiedergabe (einschließlich Mikrokopie) sowie der Auswertung durch Datenbanken oder ähnliche Einrichtungen, vorbehalten.

Impressum:

Copyright © 2009 GRIN Verlag GmbH
Druck und Bindung: Books on Demand GmbH, Norderstedt Germany
ISBN: 978-3-640-82892-0

Dieses Buch bei GRIN:

http://www.grin.com/de/e-book/166844/der-streit-der-koeniginnen-im-nibelungenlied

GRIN - Your knowledge has value

Der GRIN Verlag publiziert seit 1998 wissenschaftliche Arbeiten von Studenten, Hochschullehrern und anderen Akademikern als eBook und gedrucktes Buch. Die Verlagswebsite www.grin.com ist die ideale Plattform zur Veröffentlichung von Hausarbeiten, Abschlussarbeiten, wissenschaftlichen Aufsätzen, Dissertationen und Fachbüchern.

Besuchen Sie uns im Internet:

http://www.grin.com/

http://www.facebook.com/grincom

http://www.twitter.com/grin_com

Universität Wien

Institut für deutsche Philologie

Sommersemester 2009

MA ÄdL: Das Nibelungenlied

Der Streit der Königinnen im Nibelungenlied

Veronika Luther

Diplom Deutsche Philologie

Inhalt

1	Der Streit der Königinnen	3
2.1	Die Beunruhigung Brünhilds	3
2.2	Der Frauenstreit	4
2.3	Die Folgen	7
3	Ring und Gürtel	9
4	Der Eid	10
5	Die Öffentlichkeit	11
6	Fazit	14
7	Bibliographie	16

1 Der Streit der Königinnen

Der Streit der Königinnen im Nibelungenlied ist der Dreh- und Angelpunkt des Handlungsverlaufs, dessen weitreichende Folgen den weiteren Fortlauf motivieren. Doch die 14. Aventiure ist nur die Eskalation der Feindseligkeiten der beiden Protagonistinnen, der in der vorhergehenden Geschichte vorbereitet wird. Ursula Schulze teilt in ihrem Buch „Das Nibelungenlied" den Komplex in drei Teile auf: die Beunruhigung Brünhilds, der Frauenstreit und die Folgen.

2.1 Die Beunruhigung Brünhilds

Der Zank zwischen den beiden Protagonistinnen wird durch den Betrug der Männer auf Isenstein angelegt. Gunther will um die überlegene Brünhild werben, Siegfried spielt vor den Damen des Landes den Vasallen für den burgundischen König, indem er ihm den Steigbügel hält und vor Brünhild erklärt, dass Gunther sein „herre" (420,4) sei. Anschließend besiegen die Männer Brünhild im Zweikampf, indem Siegfried, unsichtbar durch seine Tarnkappe, die Streiche ausführt und Gunther nur die Bewegungen nachahmt. Brünhild ist besiegt, doch ist sie keineswegs glücklich darüber, vor allem nicht über den Freier. Sie ist die stärkste Frau und ihre selbstauferlegten Werbungsregeln sollen auch sichern, dass nur der stärkste Mann sie zur Frau erhält und das ist bekanntlich Siegfried, den sie auch zunächst als Werber vermutet. Zunächst stellt sich jedoch kein Problem dar. Die Werbung gelingt, Brünhild reist mit den Helden nach Worms und es wird eine große Doppelhochzeit gefeiert. Gunther heiratet Brünhild und Siegfried heiratet seinen verdienten Lohn für die Hilfe zum Sieg über Brünhild, Kriemhild. Doch bei der Festtafel kommt es zum ersten Mal dazu, dass Brünhild beunruhigt wird: Sie kann es nicht fassen, dass ihre Schwägerin die Gattin eines Vasallen geworden ist. Über das Weinen Brünhilds auf dem Fest herrscht in der Forschung keine Einigkeit. Ob Brünhild weint, weil sie eifersüchtig ist oder weil sie durch die unstandesgemäße Vermählung der Schwester ihres Gemahls mit einem Vasallen eine Schmach für Gunther und dadurch auch für sich sieht, bleibt offen. Wichtig ist aber, dass sie „aus Wut, aus Enttäuschung oder um Aufmerksamkeit auf sich zu ziehen [weint], aber wohl kaum um Kriemhild, wie sie vorgibt. Jene dürfte eher das Objekt sein, das ihr die Rechtfertigung bietet."[1] Brünhild beschäftigt diese Situation jahrelang und sie kann dazu keinen Abstand gewinnen. Es scheint ihr schleierhaft, warum Siegfried dem König keine Vasallendienste leistet und „wâ von daz komen waere, daz hete si gerne bekannt" (725,4) Hier geht es aber nicht um die private Sphäre, sondern um „das Bewusstsein der Relation von Herrschaft und Unterordnung."[2] Denn auch Kriemhilds Selbstbewusstsein scheint gegenüber ihr nicht gerechtfertigt.

Zehn Jahre lang trägt sie diese Gedanken mit sich herum, bis sie schließlich von Gunther verlangt, Siegfried und Kriemhild an den Wormerser Hof zu befehlen.[3] Sie wünscht sich Aufklärung und weiß, dass sie diese nur bekommen kann, wenn sie Siegfried und Kriemhild an ihrem Hof hat. Doch Gunther stellt wieder, wie auch schon bei der Hochzeit, fest: „er [Gunther] enjach es im niht ze dienste, swie dicke er Sîvride sach." (725,4). Es würde ihm nicht einfallen, Dienst von Siegfried zu fordern. Daraufhin ändert Brünhild ihre Taktik und bittet und bettelt so lange, bis Gunther nachgibt und die Verwandten einlädt. Ob Brünhild an dieser Stelle ahnt, dass sie auf Isenstein betrogen worden ist, ist nicht abzulesen. Wir wissen nur, dass es ihr nicht um die Dienstleistungen Siegfrieds geht, sondern darum, endlich die Wahrheit zu erfahren.

2.2 Der Frauenstreit

Der eigentliche Streit der Königinnen lässt sich nun wiederrum in drei Abschnitte aufteilen: Das Zwiegespräch beim Turnier, vor dem Münster und nach der Messe. „Hier ist eine dramatische Darstellung gelungen, die quasi funktional die in dieser Zeit nicht vorhandene Gattung des weltlichen Dramas ersetzt."[4]

Siegfried und Kriemhild sind nach Worms gekommen und es gibt ein großes Fest. Die beiden Königinnen sitzen friedlich zusammen und beobachten ihre Gatten beim Turnier, als Kriemhild den Schlagabtausch eröffnet:

---

[1] Gephart, Irmgard S. 180.
[2] Schulze, S. 204.
[3] vgl. Reichert, S. 434.
[4] Schulze, S. 207.

„ich hân einen man,
daz elliu disiu rîche ze sînen handen solden stân." (815,3f)
Schulze interpretiert diese Aussage Kriemhilds folgendermaßen:
„Die Bewunderung ist in eine rechtssprachliche Wendung gefaßt, ähnlich wie im Minnesang häufig herrschaftsanaloge Metaphern verwendet werden."[5] Irmgard Gephart behauptet, dass Kriemhild hier nur ihren Mann nicht nur preisen wolle, sondern wirklich einen Herrschaftsanspruch stelle, denn man erkenne eine Parallele zu Siegfrieds Herausforderung an Gunther, als er das erste Mal an den Wormser Hof kommt.[6] Diese Interpretation macht jedoch der folgende Text an sich schon abwegig, denn Kriemhild preist ihren Mann noch einmal, diesmal aber ohne Anspruch: „alsam der liehte mâne / vor den sternen tuot" (817,3). Diese Zeile stammt aus der Lyrik und wurde vorher vom Erzähler bereits für Kriemhild selbst verwendet (283,1)[7]. Doch egal, ob sie es impliziert oder nicht, Brünhild reagiert daraufhin provoziert. Für Kriemhild ist ihre Ehe eine Verbindung aus Liebe, für Brünhild hingegen ist es eine Verbindung der stärksten Frau mit dem (angeblich) stärksten Mann. Daher schwärmt Brünhild auch nicht von Gunther, sondern verweist auf seine Superiorität, die gleichzeitig auch ihre Stellung bestärkt. Kriemhild lenkt nun ein und bezeichnet die beiden Männer als gleichrangig. Sie versucht also einen Kompromiss zu machen, wie sie das auch schon früher tut, als sie nach ihrer Hochzeit den Erbteil von ihren Brüdern fordert. Sie will nach den Feierlichkeiten gar nicht abreisen und wünscht sich eher, dass Siegfried in Worms herrschen würde. Doch ihre Forderung kann sie nicht durchsetzen: Siegfried ist gegen eine Reichsteilung, denn er hat genug Ländereien und Reichtum, sodass er nicht auf Burgund angewiesen ist. Auch die Forderung nach Hagen als Kriemhilds Gefolgsmann scheitert, denn er selbst lehnt diesen Dienst ab und will sich nicht verschenken lassen. Die Königstochter wird mit einem Kompromiss abgespeist, sie bekommt 500 Recken als Gefolge mit in Siegfrieds Reich. Sie ist es also gewohnt, Kompromisse zu machen und so versucht sie auch, sich mit Brünhilde darauf zu einigen, dass ihre Männer gleichgestellt sind, doch diese bringt

---

[5] Schulze, S. 207.
[6] vgl. Gephart, S. 193.
[7] Schulze, S. 207.

nun die Standeslüge von Isenstein ins Spiel und referiert, dass Siegfried „des küneges man" (821,2) sei. Daraufhin wird Kriemhild zornig, denn die Ehe mit einem Vasall wäre eine Schmach für sie und sie lässt sich die Demütigung und Verleumdung von Brünhild nicht gefallen. Sie provoziert sie sogar damit, dass sie auf das Recht verweist und ihr die rhetorische Frage stellt, warum denn dann bei einem Lehensverhältnis so lange keine Abgaben an sie gezahlt worden sind. Sie stellt Siegfried über Gunther und fordert sie zu einem öffentlichen „Duell" der Statusüberlegenheit heraus. Diejenige gewinnt, die vor der anderen mit dem eigenen Gefolge zur Messe ins Münster schreitet. Die beiden trennen sich und nun beginnt ein Wettrüsten: Kriemhild heißt ihre Mädchen die festlichsten Gewänder anlegen, denn sie weiß, dass sie die von Brünhild an Pracht und Kostbarkeit übertreffen. Der Erzähler sagt ganz klar, dass sie dies unterlassen hätte, wenn sie sie nicht hätte kränken wollen: „wan ze leide Prünhilde, / ez hete Kriemhilt verlân." (837,4) Doch dies ist erst der erste Schritt der Demütigung. Als Brünhild Kriemhild auffordert, stehen zu bleiben, weil „eigen diu" nicht vor „küneges wîbe" (835,4) gehen soll, beschimpft Kriemhild sie süffisant als Kebse und verkündet, dass Siegfried ihr die Jungfräulichkeit genommen habe. Außerdem rechtfertigt Kriemhild ihre Aussage damit, dass auch Brünhild sie beleidigt habe, indem sie behaupte, Siegfried und sie seien ihr zu Dienstleistungen verpflichtet. Damit hatte die Königin nicht gerechnet, sie ist perplex, beginnt zu weinen und Kriemhild betritt vor ihr das Münster. Hier werden also „Machtmotivik und Ehebruchsmotivik, die auf der Standeslüge und dem Brautnachbetrug beruhen, miteinander verschränkt."[8] Natürlich entspricht das nicht dem erzählten Handlungsverlauf, sondern beruht auf der Personenperspektive. Kriemhild versucht sich so zu begründen, warum ihr Gatte in der zweiten Brautnacht nicht bei ihr gewesen ist und da sie auf ihr Nachfragen keine Antwort von ihm erhalten hat, reimt sie sich selbst eine Geschichte zusammen. Nicht zuletzt tragen natürlich auch Ring und Gürtel Brünhildes, die Siegfried aus Übermut in der Nacht mitgenommen hat, dazu bei, Kriemhilds Verdacht zu stärken.

---

[8] Schulze, S. 209.

Nach der Messe will Brünhild Beweise für Kriemhilds infame Verleumdung. Diese zieht Brünhilds Ring und Gürtel hervor, welche eindeutige Zeichen der Defloration sind (siehe 3 Gürtel und Ring). Brünhild weiß sich an dieser Stelle nicht mehr zu helfen und bricht in Tränen aus. Sie lässt ihren Gatten holen, damit dieser über Kriemhild richtet. Außerdem fordert sie, dass er diese Schmach rächen soll und sie erwartet sich die Klärung über den Sachverhalt. Doch genau dies ist zum Scheitern verurteilt, denn die Frauen erwarten sich Auskunft von den Verursachern der Täuschung. Gunther kann keinen Aufschluss geben, denn der Anschein der Ungleichheit der beiden Männer muss vor Brünhild gewahrt werden, denn es könnte damit auch aufkommen, wer sie wirklich besiegt hat. Siegfried und Gunther wahren ihr Geheimnis und lassen die Frauen ihre homosoziale Bindung nicht stören. Siegfried ist sogar bereit, einen Eid abzulegen (siehe Eid. Gunther akzeptiert den Eid und spricht Siegfried von jeglicher Schuld frei. Diese Situation ist natürlich äußerst peinlich für die Männer und Siegfried will diese Blamage bestrafen. Er kündigt Kriemhild indirekt Prügel an und gibt auch Gunther den Rat, seiner Frau zu befehlen, „üppeclîche sprüche" (862) zu unterlassen. Für Siegfried ist das Thema durch, doch die Frauen können nicht in Zaum gehalten werden.

2.3 Die Folgen

Brünhild ist der Eid als Sühne nicht genug. Um ihr Ansehen wieder her zu stellen, ist schon längst beschlossen, dass Siegfried sterben muss. Was Gunther nicht leistet, will Hagen gerne für seine Herrin tun. Er verspricht Brünhilde, Siegfried büßen zu lassen. Der einzige, der sich gegen eine Ermordung äußert, ist Giselher:

„»ir vil guoten recken,   war umbe tuot ir daz?
jane gediente Sîfrit   nie alsolhen haz
daz er dar umbe solde   verliesen sînen lîp.
jâ ist es harte lîhte,   dar umbe zürnent diu wîp«" (866)

Zwar sagt er nicht, dass er den Vorwurf des Ehebruchs für unbedeutend hält, aber der Streit der beiden Frauen ist für ihn nicht weiter wichtig[9] und damit könnte die Angelegenheit auch beigelegt werden. Doch Hagen hat auf eine solche Gelegenheit nur gewartet. Die Prahlerei und das Beschmutzen des Ansehens der Königin ist für Hagen zweitrangig. Ihm geht es um die Gewinnung von Siegfrieds Ländereien und selbstverständlich um den Hort. Dies bringt er auch schon zum Ausdruck, als die Boten reichbeschenkt aus Norwegen zurückkehren:

„Er mac", sprach dô Hagene, „von im sanfte geben.
er enkunde ez niht verswenden, und solde er immer leben.
hort der Nibelunge beslozzen hât sîn hant.
hey, solde er kumen immer in der Burgonden lant!" (S.771)

Außerdem stellt Siegfried auch immer eine potentielle Gefahr für Worms dar. Seinen Herrschaftsanspruch konnte man zwar abwenden und ihn sich zum Freund machen, aber niemand könnte Siegfried bezwingen, wenn er sich doch entschließen sollte, Burgund an sich bringen zu wollen. Er ist zwar ein vorbildlicher Held, aber er ist unkontrollierbar und stellt eine Bedrohung für die Gesellschaft dar. Ich verweise hier nur auf die Szene, in der er einen gefangenen Bären losmacht und ihn auf die friedliche Jagdgesellschaft loslässt. Noch dazu kommt, dass Siegfried das ‚Establishment gering achtet und er hat eine Charakterschwäche, die Hagen einfach reizen muss: das Zurschaustellen der eigenen Überlegenheit.[10] Ein weiterer Grund ist, dass er das Ansehen seines Herrn verteidigen muss, denn da Brünhild als Gattin nur eine Erweiterung Gunthers darstellt, ist auch seine Ehre befleckt und die gilt es wieder herzustellen. Vor allem aber treibt Hagen die Gier nach Siegfrieds Besitz und mit diesem Argument kann er auch Gunther überzeugen, dass es besser wäre, Siegfried los zu werden.

Der Streit der Frauen stellt also nicht den Grund für die Ermordung Siegfrieds dar, sondern lediglich einen Vorwand für Hagen, sein lange gehegtes Vorhaben auszuführen.

---

[9] Reichert, S. 433
[10] vgl. Reichert, S. 442

3   Gürtel und Ring

Wenn es um die Zeichen Gürtel und Ring im Frauenstreit geht, müssen wir uns einige Fragen stellen. Zunächst: Wie gelangen Gürtel und Ring in Kriemhilds Hand?

Nachdem Siegfried Brünhild in der zweiten Brautnacht überwunden hat, zieht er ihr einen goldenen Ring vom Finger und nahm ihr einen wunderbar gefertigten Gürtel:

> Sîvrit stuont dannen. ligen lie er die meit,
> sam er von im ziehen wolde vil gar sîniu kleit.
> er zôch ir ab ir hende ein guldîn vingerlîn,
> daz si des nie wart innen, diu edele künegîn. (676)

> Dar zuo nam er ir gürtel, daz was ein porte guot.
> ine weiz, ob er daz taete   durch sînen hôhen muot.
> er gap ez sînem wîbe,   daz wart im sider leit. (677, 1-3)

Interessant ist hier der Erzählerkommentar: „ob er es aus Übermute tat. / er gab es seiner Frau, das gereichte ihm später zu Leid." (eigene freie Übersetzung). Was Siegfried mit diesen beiden Trophäen vorhat oder ob er überhaupt etwas damit im Schild führt, bleibt offen. Wir sehen nur, dass der Erzähler diese Handlung als übermütig negativ konnotiert und eine Vorausdeutung auf das damit verbundene Verhängnis macht. Erst in Xanten übergibt er Kriemhild diese Utensilien. Auch die Motivation Kriemhilds, Ring und Gürtel bei sich zu tragen, wird uns nicht erzählt. Ob sie diese zufällig oder absichtlich zur Demütigung Brünhilds mitgenommen hatte ist für den Erzähler auch nicht relevant, denn er erzählt es uns nicht. es ist nur wichtig, dass sie diese bei sich hat.

Die nächste Frage müssen wir nach Kriemhilds Wissen stellen, oder danach, was sie zu wissen glaubt.

Sie weiß, dass ihr Mann in der zweiten Brautnacht abwesend war, aber als sie danach fragt, überhört er ihre Frage: „Er understuont ir vrâge" (681,1). Sie tappt also im Dunklen, bis sie Gürtel und Ring erhält. Damit ist für sie klar, wo Siegfried in dieser Nacht gewesen war und was er getan hat. Zumindest glaubt sie das.

Wie steht es generell um das Wissen der Figuren im Nibelungenlied? Bei den Männern ist es eindeutig: wenn sie etwas sehen, können sie auf die Wirklichkeit schließen. Die Frauen hingegen haben „Recht in ihren

Träumen und Ahnungen. In der Interpretation der sichtbaren Wirklichkeit dagegen irren sie, weil sie von den Männern betrogen werden."[11]

Kriemhild weiß nicht, dass diese eindeutigen Zeichen gestört sind. Sie offenbaren zwar dass Siegfried an der Entjungferung Brünhilds Anteil hatte, aber sie führen auch soweit irre, dass er ihr eben nicht das Magdtum genommen hat.

„[...] die Gravität der Zeichen steht gleichwohl unumstößlich im Raum. Selbst wenn sie als solche ihre Eindeutigkeit verloren haben, verweisen sie doch nur allzu deutlich auf einen entscheidenden Part Siegfrieds bei der Gewinnung Brünhilds, [...] dieser ist auch nicht mehr durch einen Eid rückgängig zu machen."[12]

Doch für Kriemhild sind die Zeichen eindeutig. Sie ist sogar stolz und trägt den Ring an ihrem Finger. Sie identifiziert sich mit ihrem Gatten, triumphiert mit den Kleinodien und demütigt Brünhild nur noch mehr. An dieser Stelle sieht man ganz deutlich Siegfrieds und Kriemhilds „Grandiositäts- und Verschmelzungsvorstellungen"[13]. Sie sprengen das kontrollierte höfische Sozialverhalten der Wormser und es wird ganz deutlich, dass Kriemhild absolut abhängig und eine Erweiterung ihres Gatten ist.[14]

4 Der Eid

In der Forschung herrscht Uneinigkeit, ob Siegfried nun einen Eid geschworen hat oder ob Gunther es ihm vorher erlassen hat. Wenn er den ablegt, muss betrachtet werden, was genau Siegfried schwört und was Gunther ihm erlässt, denn diese Stelle ist keineswegs so eindeutig.

Zunächst müssen wir aber betrachten, für was Brünhild Sühne fordert. Sie sagt während der Messe zu sich selbst: „hât er sichs gerüemet, ez gêt an Sîfrides lîp." (842,4) Daher vermute ich, dass sie nicht unbedingt den Verdacht hegt, in der Brautnacht betrogen worden zu sein, sondern sich schämt, eine derartige Diffamierung über sich ergehen lassen zu müssen. Ihr Ansehen wird beschmutzt und das ist das Schlimmste für sie. Es geht also nicht um das, was er getan hat, sondern um das, was er gesagt hat.

---

[11] Robles, S. 367.
[12] Gephart, S. 195.
[13] Gephart, S. 195f.
[14] vgl. Gephart, S. 196.

Genau diese Beobachtungen machen wir auch bei Gunther, der sagt, Siegfried müsse das Gesagte widerrufen („und hât er sichs gerüemet" (852,2)) und er spricht ihn darauf auf direkt an: „dû habes dich des gerüemet, / daz dû ir schoenen lîp / aller êrst habes geminnet." (854, 2f). Auch Siegfried bezieht sich hier nicht auf das Getane, sondern auf das (nicht) Gesagte: „daz ich irs nicht gesaget hân."(855,4) Siegfried bietet von sich aus an, einen Eid zu leisten, um den Vorwurf zurückzuweisen. Nun folgt die heikle Stelle, über die sich die Forscher streiten. Leistet er den Eid oder nicht? Ich denke, er leistet ihn. Zunächst fordert Gunther ihn auf, ihn zu leisten und verspricht ihn von allem frei zu sprechen. Die Burgunden stellen sich im Kreis um Siegfried auf und er hebt die Hand. Meines Erachtens reicht dieser performative Akt aus um die Frage zu bejahen, denn Gunthers Satz „ich will iu ledec lân" (857,4) sagt nicht unbedingt, dass er den Eid erlässt, sondern dass er Siegfried von den Vorwürfen frei spricht. Aber, obwohl es vorher immer um das ‚sich rühmen' geht, spricht ihn Gunther hier vom Getanen frei („daz ir des niene habt getân." (857,4)), denn darüber kann er sich sicher sein, denn er war ja selbst dabei. Doch dass Siegfried sich nicht dessen gerühmt hat, das weiß auch Gunther nicht sicher. Aber diese Unsicherheit als Mordmotiv Gunthers zu deuten wäre zu weit hergeholt, denn ihn treibt allein sein Machtstreben an.

Für Brünhild jedoch ist der Eid keine Genugtuung, sie weint weiter. Nicht die Schuld Siegfrieds ist entscheidend, sondern der Verlust ihres Ansehens in der Öffentlichkeit.

5 Die Öffentlichkeit

Im Nibelungenlied, wie auch in vielen anderen mittelalterlichen Romanen, spielen die höfische Gesellschaft und damit die Öffentlichkeit eine wichtige Rolle. Die Figuren sind keine Privatpersonen, sie repräsentieren bestimmte Typen und Machtstrukturen. Vor allem beim Streit der Königinnen vor dem Münster und nach der Messe ist es unablässig, dass dieser in der Öffentlichkeit stattfindet. Auf dem Turnier sind die Königinnen unter sich und beobachten die kämpfenden Recken. Als der Streit entfacht, wird das Duell auf einen öffentlichen Austragungsort verlegt.

Jeder soll sehen, welche der beiden Frauen als erstes durch das Tor des Münsters schreitet. Sie können den Streit, wer den besseren Mann hat, gar nicht untereinander austragen, denn darum geht es den beiden gar nicht. Es geht vielmehr um einen Kampf um öffentliche Vorherrschaft und Anerkennung, denn sie befinden sich in einem Zustand der „wechselseitige[n] tiefgreifende[n] Verunsicherung bezüglich des eigenen Standorts im Netz ehelicher und herrschaftlicher Beziehungen"[15]. Die Frauen müssen sich also ihren Platz in der Gesellschaft erkämpfen. wichtig bei dieser Statusfrage ich auch, dass es nicht relevant ist, was wirklich geschehen ist, sondern nur, was behauptet wird, dass es geschehen ist. Brünhild will nicht Siegfrieds Tod, weil er vielleicht mit ihr geschlafen haben könnte, (diese Möglichkeit muss auch Brünhild in Erwägung ziehen, nachdem Kriemhild ihr Gürtel und Ring gezeigt hat und natürlich wäre es eine Erklärung dafür, warum sie Gunther in der ersten, aber nicht in der zweiten Nacht besiegen konnte) nein, sie fordert Vergeltung für die unverzeihliche Behauptung Kriemhilds, Siegfried habe sie zur Kebse gemacht und natürlich auch, dass Siegfried damit geprahlt zu haben scheint. (853, 857) Die Beschmutzung des Ansehens ist also schlimmer, als der Fakt, dass es wirklich geschehen sein könnte. Die Figuren leben daher in einer Scheinwelt und diesen Schein versuchen zumindest die Männer mit aller Kraft aufrecht zu erhalten. Doch die Frauen treten aus ihrer passiven Haltung an dieser Stelle heraus und werden zu Handelnden Figuren: Die Frau tritt aus dem privaten Bereich in den öffentlichen und tut ihr Wissen (oder Halbwissen) öffentlich kund.[16] Auch das Weinen Brünhilds nach der Diffamierung ist ein performativer Akt. Die Öffentlichkeit wird einbezogen. Die Ordnung ist gestört und es besteht die Forderung nach Wiederherstellung des ursprünglichen Zustands.

„In a courtly society in which expressions of joy are the conventional sign that order is in place, Brunhild's public weeping creates a serious breach in the state oft he court, indicating that things are not as they should be. Her emotional display necessitates formal action by Gunther to reassert control and reestablish order."[17]

---

[15] Gephart, Irmgart, S. 194.
[16] Robles, S. 368.
[17] Starkey, S. 258.

Die Königin, die nach ihrer Überwältigung keine Macht mehr besitzt und selbst nicht handeln kann, fordert zur Handlung auf. Genauso hat sie es auch bewerkstelligt, dass Gunther die Verwandten überhaupt eingeladen hat. Als sie zunächst ihre Forderung äußert, Siegfried müsse doch Dienst leisten, weicht Gunther aus und wehrt sie ab. Doch als sie bittet und bettelt, dass sie ihre Verwandten so gerne bei sich sehen würde und sie vermisst, geht Gunther auf ihr Verlangen ein. Brünhild setzt ihre weiblichen Waffen ein und sie ist eine Meisterin darin. Sie bekommt, was sie will.

Auch die Männer veranstalten ein Schauspiel. Indem Siegfried den Eid ablegt und Gunther ihn als unschuldig erklärt, wird eine performative Handlung vollzogen, die durch ihre Öffentlichkeit rechtskräftig wird. Dabei ist es nicht maßgeblich, ob Siegfried den Eid nun wirklich geschworen oder Gunther ihn ihm erlassen hat (darüber bestehen ambivalente ? Forschungsmeinungen), es ist nur wichtig, dass es für sie etwas Gespieltes ist, denn sie wissen beide um die wahren Begebenheiten. Ihr „männliches Schweigebündnis"[18] zwingt sie so zu einer weiteren Täuschung. Zusätzlich wird noch ein weiteres Beispiel, beziehungsweise eine öffentlich zur Schau Stellung präsentiert. Siegfried empfindet Scham wegen Kriemhilds skandalösem öffentlichen Verhalten, und verspricht sie zu bestrafen und Gunther solle mit Brünhild das selbe tun, damit sie „üppecliche sprüche lâzen under wegen"(859). da sie dadurch das Ansehen der Männer, aber auch ihr eigenes beschmutzen. Er ist zwar derjenige, der durch Unwahrheiten seine Ehefrau in diese Lage gebracht hat, aber deswegen oder eben wegen seines Betruges, schämt er sich nicht. Er demütigt und züchtigt Kriemhild, damit die Wahrheit nicht ans Licht kommt und auch in dieser Sache nicht weiter nachgeforscht wird.

Als Siegfried verspricht, seine Frau zu bestrafen, sehen die anderen Ritter sich nur bedeutungsvoll an. Was diese wohl denken? Wahrscheinlich stellen sie sich vor, wie diese Strafe wohl aussehen wird oder sie zweifeln daran, dass Siegfried es wirklich ausführen wird, kennen sie doch die Waffen einer Frau. Doch diese Aussage ist nur spekulativ, die Zeile verweist aber schon darauf, dass die nächste Strophe, in der

---

[18] Robles, S. 368.

Siegfried ein exemplarisches Handeln an ungehorsamen Frauen postuliert, am mordernen Wormser Hof nicht ganz ernst genommen werden kann.

„Man sol vrouwen ziehen", sprach Sîfrit der degen,
„daz si üppeclîche sprüche lâzen under wegen. (859)

Wie wichtig die Gesellschaft für den höfischen Menschen des Mittelalters ist, möchte ich am Tristan-Roman von Gottfried von Straßburg zeigen: Als Tristan und Isolde vom Hof verbannt werden, weil Marke ihnen ein Verhältnis vorwirft, verlassen sie die Gesellschaft nicht, um sich ein Leben zu zweit aufzubauen und völlig in ihrer Liebe aufzugehen. Stattdessen ziehen sie sich für einige Tage in die Minnegrotte zurück und als sie von Kurwenal erfahren, dass Marke ihnen vergeben hat und sie zurück an den Hof wünscht, machen die beiden sich auf und kehren zurück in ihr altes Leben und machen genauso weiter, wie vor der Verbannung. Obwohl den beiden in der Minnegrotte an nichts fehlt (sie brauchen nicht zu essen, denn sie leben von ihrer Liebe allein), wünschen sie sich zurück in das negativ besetzte höfische Umfeld, in dem es vor Intrigen, Verleumdungen und Betrug wimmelt, denn die „Aussperrung von der Gesellschaft heißt, von der Achtung durch sie ausgesperrt sein, und das heißt: keine *êre* haben."[19] Tristan und Isolde können der Gesellschaft nicht auf Dauer entfliehen, sie sind an sie gebunden, weil sie den höfischen Menschen ausmacht. Sie können sich der Gesellschaft nicht entziehen, denn sie brauchen sie, um sich in ihr zu definieren. Es ist eine Frage der *êre*, der „Reputation [und] meint das Ansehen *vor* der Welt und *durch* die Welt, wie es die Existenz des Mannes und der Frau begründet." [20]

Der Rückzug aus der Gesellschaft ist also nicht möglich und im Nibelungenlied an dieser Stelle auch nicht gewollt.

6 Fazit

Wie auch viele andere Stellen des Nibelungenliedes, lässt auch der Streit der Königinnen und das Gebilde rundherum viele Fragen offen. Doch an dieser Stelle ist muss noch gesagt werden, dass der Erzähler

---

[19] Wapnewski, 1981, S. 82.
[20] Wapnewski, 1981, S. 78.

offensichtlich den Untergang der Nibelungen dem Streit der Königinnen zuschreibt. Lesen wir doch in Strophe 831: „dâ von wart manegem degene sît vil sorclîchen wê." (831,4) Daher kann man der Interpretation Elisabeth Lienerts in diesem Punkt folgen:

„Statt dem Betrug der Männer motiviert der Erzähler Brünhilds Rache aus der öffentlichen Demütigung durch Kriemhild. Durch diese gender-relevante Verschiebung wird der Frauenstreit zum Ausgangspunkt von Gewalteskalation und Katastrophe."[21]

Täter-Opfer-Rollen drehen sich um, die Opfer werden zu Schuldigen und die Frauen werden gegeneinander ausgespielt.[22] Diese Thematik unter dem gender-Aspekt näher zu beleuchten könnte bestimmt noch einige aufschlussreiche Ergebnisse liefern, würde aber den Rahmen dieser Arbeit sprengen. Doch es lässt sich auf jeden Fall festhalten, dass die besprochenen Szenen Kulminations- und Wendepunkt des Nibelungenliedes sind und die Figuren nun unausweichlich ins Verderben stürzen.

---

[21] Lienert, S. 153.
[22] vgl. Lienert, S. 153.

7 Bibliographie

Primärliteratur

Reichert, Hermann (Hg.): Das Nibelungenlied. Text und Einführung. Nach der St. Galler Handschrift. Berlin: Walter de Gruyter 2005.

Sekundärliteratur

Gephart, Ingeborg: Charismatischer Zorn und ritterliches Mitgefühl. Eomotion und hörische Ordnung in Hartmann von Aue ‚Erec' und im ‚Nibelungenlied'. Als Habilitationsschrift eingereicht an der Geistes- und Kulturwiessneschaftlichen Fakultät der Universität Wien.

Lienert, Elisabeth: Gender Studies, Gewalt und das >Nibelungenlied<. In: Der Mord und die Klage. Das Nibelungenlied und die Kulturen der Gewalt. Bönnen, Gerold und Volker Gallé (Hg.). Worms: Nibelungengesellschaft Worms e.V. 2003, S. 145-162.

Reichert, Hermann (Hg.): Das Nibelungenlied. Text und Einführung. Nach der St. Galler Handschrift. Berlin: Walter de Gruyter 2005.

Robles, Ingeborg: Subversives weibliches Wissen im „Nibelungenlied". In: Zeitschrift für deutsche Philologie. Besch, Werner u.v.a. (Hg.). Bd. 124, 2005. Berlin: Erich Schmidt 2005. S.360-374.

Schulze, Ursula: Das Nibelungenlied. Stuttgart: Reclam 2008.

Starkey, Kathryn: Performative emotion and the politics of gender in the Nibelungenlied. In: Women and Medieval Epic. Gender, Genre, and the limits of Epic Masculinity. Poor, Sara S. und Jana K. Schulman (Hg.) New York: Palgrave Macmillan, 2007, S. 253-271.

Wapnewski, Peter. Tristan der Held Richard Wagners. Berlin: Severin und Siedler 1981.